知っているようで知らない

オーナー社長の
退職金

家族と会社を守る退職金が
否認されないためのポイントと対策

新決定版

島﨑敦史・芦辺敏文
齋藤伸市・小林　進

共著

一般財団法人
大蔵財務協会

は じ め に

　事業承継に向けてオーナー社長が決めるべきことはたくさんあります。その中でも、特に重要な決定事項は以下の４つです。

　１つ目は、会社を**いつ**承継するかです。承継までにどれくらい時間をかけられるかによって、打てる対策が変わります。

　２つ目は、**誰に**会社を承継するかです。親族内承継だけでなく、MBO（マネジメント・バイアウト）やM&A（合併・買収）なども含まれます。誰に承継するかによって、対策は異なってきます。

　３つ目は、**どのように**承継するかです。これはどのように業務を引き継ぐかということもありますが、株をどのように承継するかが重要です。承継の方法によってそのコストが大きく変わります。

　そして４つ目は、退職金です。金額や時期、支給方法などを決めなくてはいけません。

　この４つ目の退職金の計画が、家族や会社を守るために最も重要で必要不可欠なものと考えています。
　なぜなら、退職金は適切な準備を怠ると支給できなかったり、適正な手続きを踏まないと税務上の否認を受けるリスクがあったりするからです。

退職金が受け取れないと、家族と会社を守ることができません。会社は支払いやすく、また個人は受け取りやすい状況を整えておくことが求められます。

　本書では、特にこの4つ目の退職金の計画的な準備と支給時の税務について詳しく取り上げました。
　退職後の生活や万一の場合の納税資金の確保、後継者以外の家族への配慮など、計画的な退職金の準備は非常に重要なテーマです。

　本書が、オーナー社長の家族と会社を守るために役立つことを願っています。

ヒューマンネットワークグループ
代表　齋藤　伸市

CONTENTS

第4章 裁判例・裁決事例から学ぶ境界線

第5章 議事録作成マニュアル

イラスト／渡辺 正義（わたなべ まさよし）

第1章

オーナー社長と退職金

① オーナー社長共通の課題

　オーナー社長は経営者であり、株主でもあります。株主であるがゆえにオーナー社長には共通の課題があります。

　それは自社株の承継です。

　親族内に後継者がいないなど、親族内で株を承継しない場合にはM&Aという選択もありますが、多くの方は親族内での自社株の承継を考えていらっしゃいます。

　そこで問題となるのが自社株の評価額の高騰です。皆さんが会社の発展のために日々努力した結果、株価が高騰しているのです。

　株価が高騰しているということ自体は、会社の価値が高く評価されているということなので、誇るべきことです。

　一方、この株価の高騰は相続・事業承継において大きな壁となります。

　オーナー社長が亡くなると、自社株には高額の相続税が課され、その相続税を負担するのは相続人です。

　しかし、多くの場合、相続人自身ではその納税資金を用意することができません。そのためオーナー社長は自分が亡くなった時の相続税の納税資金も生前に用意しておく必要があるのです。

　また、お子さんが複数いらっしゃる場合、その中の一人を後継者

として決めることがあります。この場合、通常は後継者となる方に自社株を承継させます。

　ところが、一般的にオーナー社長は、全財産の中で自社株の評価額の占める割合が高くなっています。その結果、後継者以外の子供が相続する財産の額は、後継者と比べてかなり少なくなり、兄弟間で不平等が生じる可能性があります。

　この不平等を解消するためには、生前に自社株以外の財産を増やすことが必要です。

　そしてもちろんご自身と配偶者の老後の生活資金も確保する必要もあります。つまり、オーナー社長は生前に、相続税の納税資金、子供たちの不平等軽減のための資金、自身と配偶者の老後資金を準備する必要があるということです。

（図表１）オーナー社長の財産構成
〈オーナー社長の一般的な財産構成〉

〈オーナー社長の理想的な財産構成〉

② オーナー社長の資金調達

　自社株以外の財産を増やすためには、その資金を調達する必要があります。皆さんはオーナー社長ですから、当然その資金は自社から調達することになります。

　その調達方法としては「役員報酬」「配当金」「役員退職金」などがあり、それぞれ特徴があります。税負担が少ない方法を選べば、手取り額が多くなるのは言うまでもありません。

1　役員報酬（役員賞与を含む）

　役員報酬は所得税の計算では給与所得という所得区分です。

　給与所得は収入金額（源泉徴収前）から給与所得控除額を差し引き、総合課税*により課税されます。

　　*総合課税：他の所得区分の金額と合算されたうえで超過累進税率が適
　　　　　　　用されます。

$$\boxed{\text{給与所得}} = \frac{\text{収入金額}}{\text{（源泉徴収される前の金額）}} - \text{給与所得控除額}$$

　超過累進税率とは、一定の金額を超えた場合にその超えた部分については、より高い税率が適用される課税方法です。現在の所得税では5％から45％の7段階になっています。

（図表2）所得税・住民税　税率表

課税所得	所得税	住民税	合計
195万円以下	5％	10％	15％
195万円超〜330万円以下	10％	10％	20％
330万円超〜695万円以下	20％	10％	30％
695万円超〜900万円以下	23％	10％	33％
900万円超〜1,800万円以下	33％	10％	43％
1,800万円超〜4,000万円以下	40％	10％	50％
4,000万円超	45％	10％	55％

　親族外の役員がいる場合には、自分だけ高額な役員報酬をとることに躊躇される方もいらっしゃいますが、役員報酬はしっかり受け取るべきです。ただし、親族外の役員には、オーナー社長固有の課題である相続税の納税資金の確保などについて理解していただく必要があります。

2　配当金

　オーナー社長は株主なので自社から配当金を受け取る権利があります。しかし、非上場会社の配当金は上場会社の配当金と課税方法が異なり、総合課税の配当所得となります。

5

$=$ 収入金額 $-$ 株式などを取得する
（源泉徴収税額を差し引く前の金額）ための借入金の利子

　高額な役員報酬をとられているオーナー社長がさらに配当金を受け取ると、最高税率で課税されるケースもあります。そのため、税負担が重くなるので、オーナー社長への配当金の支払いはおすすめできません。

3　役員退職金（勇退退職金）

　退職金は賃金の後払い、長年の功労に対する報償、退職後の生活保障などの性格を有するため、下記のように税制上優遇されています。

　　・勤続年数に応じた退職所得控除額

　　・控除後の金額の１／２が課税対象

　　・他の所得と合算されない（分離課税）

退職所得 $= \left(\text{退職金} - \text{退職所得控除額} \right) \times \frac{1}{2}^{*}$

　＊勤続年数５年以下で法人の役員を辞めると１／２の適用はありません。

（図表３）退職所得控除額の計算方法

勤続年数	控除額の計算式
20年以下	40万円×勤続年数 （80万円以下の場合、80万円）
20年超	800万円＋70万円×（勤続年数−20年）

　なお、死亡退職金は本人ではなく家族が受け取ることとなるため、所得税ではなく相続税が課税されます。

③ 損金算入限度額

　ここまでの説明で、役員退職金が役員報酬より税負担が軽いということがお分かりになると思います。それでは、役員報酬を減らして役員退職金を多くもらえばいいのかということになりますが、それほど単純な話ではありません。

　役員退職金は法人税においては「不相当に高額」な部分は損金不算入となります。ではいくらまでが相当なのかということについては、概ね次の算式で計算されます（詳しくは後述します）。

最終報酬月額×在任年数×功績倍率

　上記の計算式を踏まえると、役員報酬額が低いと役員退職金の損金算入限度額も低くなってしまいます。つまり、役員報酬と役員退職金の額にはベストバランスがあるのです。

コラム 自己株式（金庫株）について

・・・・・・・・・・・・・・・・・・・・・・・・・・・・・・・・・

　自己株式（金庫株）とは、株式の発行会社が自社株を買い取り保有している株式です。金庫株と呼ばれる場合もあります。上場していない株式は現金化できないと思っている方も多いのですが、実はオーナー社長も自社株を会社に買い取ってもらい現金化することができます。

（図表４）自己株式

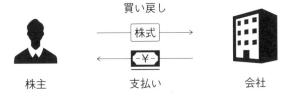

買い戻し
株式
-¥
株主　　　　　支払い　　　　　会社

　ただし、注意が必要です。通常の株式の売買であれば売却益に対して分離課税で15％の所得税と５％の住民税が課税されます。ところが自己株式にした場合の譲渡益は、みなし配当とされ総合課税となり超過累進税率が適用されます。

　高額な役員報酬を得ているオーナー社長であれば役員報酬と合算されるので、最高税率の所得税45％と住民税10％の合計55％の税率となるケースが多いと思われます。そのため、自身で所有する自社株を自己株式にするオーナー社長はほとんどいらっしゃいません。

　しかし、以下の要件を満たす場合には、みなし配当課税とされず、譲渡所得課税とすることができる特例があります。この特例は、オーナー社長であれば必ず知っておかなければいけない所得税の特例です。

〈特例の条件〉
　・相続または遺贈により自社株を取得
　・納付すべき相続税額がある
　・課税の対象となった自社株を、その相続の開始があった日の翌日からその相続税の申告書の提出期限の翌日以後3年を経過する日までに発行会社に譲渡

　上記の条件を満たした場合、オーナー家は譲渡益の所得税15％と住民税5％の合計20％の税負担で自社から資金調達することができます。また、譲渡した株式について課税された相続税を譲渡益から差し引くこともでき（相続税の取得費加算）、実質的な税負担は20％未満となります。
　自社からの資金調達方法としては、かなり税負担が抑えられています。

④ 数字でみる役員報酬と役員退職金の比較

　前述のとおり、役員退職金は役員報酬や役員賞与よりも税負担が
軽いため手取り額も増えます。

　法人においては、税務調査で不相当に高額と指摘されなければ、
役員退職金の全額の損金算入が認められています。個人では、所得
税等の実質負担が役員賞与・役員報酬よりも軽くなります。

　では、実際に、役員賞与・役員報酬・役員退職金の法人税や所得
税等を比較してみましょう（図表5参照）。ここでは計算が複雑に
なるため、給与所得控除額などは加味せず所得税と住民税の合計を
55%、法人税の実効税率を34%として計算しています。役員賞与は
損金不算入です（事前確定届出給与は除く）。

　仮に1億円の利益が出た場合に、役員賞与を支給しようとすると、
役員賞与は損金算入できないため、法人税等3,400万円を支払った
後の残金である6,600万円を役員賞与として支給することとします。

　その場合、役員賞与に係る所得税等の額は3,150万円になります。
そのため、最終的な個人の手取額は「3,450万円」です。

　次に1億円を役員報酬とした場合ですが、これは不相当に高額で
なければ全額損金算入となり、所得税等の額は5,020万円になります。

そのため、最終的な個人の手取額は、「4,980万円」です。

　最後に1億円を役員退職金とした場合ですが、こちらも不相当に高額でなければ、全額損金算入でき、さらに所得税等は1,858万円となるため、手取額は「8,142万円（30年在任時）」です。

　つまり、役員賞与と役員退職金を比べると、手取額で2倍以上になるのです。役員報酬と比べても、役員退職金による支給の方が4,692万円も多いということになります。

　ここまで大きな差になるのですから、役員退職金という制度を有効活用しない手はないといえます。

（図表5）役員賞与・役員報酬・役員退職金の比較表

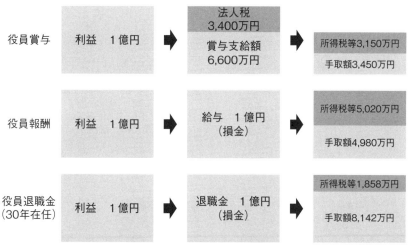

※　給与所得控除や社会保険料などは考慮していません。

5 ベストバランス

　同額の収入でも、全てを「役員報酬」として受け取った場合と、「一部を役員退職金」として後に受け取った場合では、手取額が大きく異なります。

　具体的には、月額300万円を「役員報酬」として受け取った時と、「役員報酬として200万円受け取り、残りの100万円を役員退職金の原資として積み立てた」時では、最終的な手取額は後者の方が、約3,697万円（10年間の累計金額の比較）も多くなります（図表6）。

（図表6）役員報酬と役員退職金の手取額の比較（10年間を想定）

　なぜ受け取る時の名目が違うだけでここまで大きな違いになるの
でしょうか。

　理由は、役員報酬と役員退職金では、税金や社会保険料の取り扱
いが異なってくるからです（図表7参照）。

（図表7）役員報酬と役員退職金の取り扱いの違い

			役員報酬のみ	役員報酬＋役員退職金
役員報酬	1	役員給与年額	3,600万円	2,400万円
	2	社会保険料控除	168万円	168万円
	3	所得税・住民税額（概算）	1,360万円	726万円
	4	手取額	2,072万円	1,506万円
	5	手取額10年累計	20,720万円	15,060万円
	6	損金累計額	36,000万円	24,000万円
役員退職金	7	役員退職金額		12,000万円
	8	退職所得控除		800万円
	9	課税所等額		5,600万円
	10	所得税・住民税額（概算）		2,643万円
	11	手取役員退職金額		9,357万円
	12	損金累計額		12,000万円

※　上記の税額は令和6年1月1日現在の法令をもとに、概算の金額を計算したも
　のであり、実際の金額と異なることがあります。
※　役員報酬の税額計算では、社会保険料は令和6年3月分（東京都）の料率を適
　用しています。
※　なお、手取り額及び税額は、万円未満を四捨五入し表記しています。

⑥ 中小企業の役員退職金の平均はいくら？

　役員退職金といっても、個々の企業で金額が異なります。しかし、平均額を知っておくことは、自社の役員退職金を決める時の参考になります。

　役員退職金に関する実態調査資料（『「役員報酬・賞与・退職金」「各種手当」中小企業の支給相場』2023年3月・日本実業出版社刊）によると、役員退職金の平均値は、会長の7,304万円、社長3,628万円、副社長・専務2,769万円、常務1,721万円、取締役1,316万円となっています。

　役員退職金は、役職だけでなく、常勤・非常勤の別、役員在任年数の他、会社の業績によっても大きく左右されるのが実態です。

　最高支給額と最低支給額で大きな差がある点も見逃せません。
　今回の調査では、社長の最高支給額2億円に対し、最低支給額は100万円。会長の場合は、最高支給額が2億円に対し、最低支給額は560万円になっています。

（図表8） 回答企業197社の内訳

業種		従業員		資本金		年商	
製造業	45社	20名以下	58社	2,000万円未満	60社	5億円未満	58社
	22.8%		29.4%		30.5%		29.4%
建設業	19社	21〜50名	55社	2,000万〜5,000万円未満	52社	5億円〜10億円未満	24社
	9.6%		27.9%		26.4%		12.2%
卸・小売業	42社	51〜100名	43社	5,000万〜1億円未満	55社	10億〜30億円未満	55社
	21.3%		21.8%		27.9%		27.9%
サービス業	39社	101〜300名	34社	1億円〜3億円未満	17社	30億〜50億円未満	23社
	19.8%		17.3%		8.6%		11.7%
その他	50社	301名以上	5社	3億円以上	4社	50億円以上	28社
	25.4%		2.5%		2.0%		14.2%
未記入	2社	未記入	2社	未記入	9社	未記入	9社
	1.0%		1.0%		4.6%		4.6%
計	197社	計	197社	計	197社	計	197社

※　回答企業197社の前年度決算：黒字159社（80.7%）、赤字23社（11.7%）、未記入15社（7.6%）

（出典：日本実業出版社『「役員報酬・賞与・退職金」「各種手当」中小企業の支給相場（2023年版）』より）

（図表９）役位別役員退職金支給額

役位等			支給額	退職時年齢	通算役員在任期間	退職時報酬月額
会長	16名	平均値	7,304.8万円	71.9歳	25.4年	110.6万円
		最高値	20,000万円	86歳	50年	230万円
		最低値	560万円	55歳	7年	20万円
社長	48名	平均値	3,628.9万円	65.7歳	15.5年	119.3万円
		最高値	20,000万円	79歳	45年	300万円
		最低値	100万円	44歳	3年	20万円
副社長・専務	16名	平均値	2,769.3万円	66.8歳	16.4年	113.1万円
		最高値	10,000万円	75歳	41年	200万円
		最低値	78万円	60歳	6年	49万円
常務	29名	平均値	1,721.1万円	64.8歳	10.9年	88.4万円
		最高値	7,000万円	70歳	24年	170万円
		最低値	200万円	47歳	3年	20万円
取締役	58名	平均値	1,316.3万円	64.6歳	12.7年	82.5万円
		最高値	7,500万円	89歳	50年	240万円
		最低値	14万円	40歳	1年	10万円

※　過去の調査の回答のうち、2017年以降に支給された事例を加えて集計
※　取締役には常勤の監査役・相談役を含む
※　回答のうち、特殊事例と思われるものは集計から除外

（出典：日本実業出版社『「役員報酬・賞与・退職金」「各種手当」中小企業の支給
　相場（2023年版）』より）

役位別退職金額をグラフにすると以下のようになります。

（図表10）役位別退職金額（最高値・平均）のグラフ

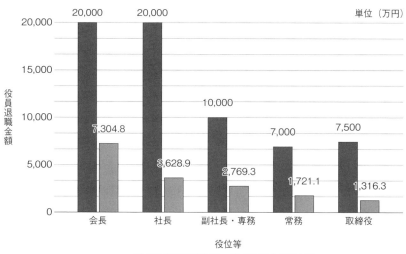

（出典：日本実業出版社『「役員報酬・賞与・退職金」「各種手当」中小企業の支給相場（2023年版）』データより作成）

役員退職金の適正額の算出方法

　役員退職金は不相当に高額な部分は損金に算入できません。

　多くの場合、役員退職金は、次の計算方法で算出されます。

> **役員退職金＝退職時の役員報酬月額×役員在任年数×功績倍率**

　上記の式のうち、功績倍率の数値は、個々の会社で自由に決定してよいということになっています。しかし、この功績倍率を高くしすぎると不相当に高額とされた金額の損金算入が認められません。
　一般的な功績倍率は下記の通りとされています。

（図表11）功績倍率の一例

会長・社長	専務	常務	取締役	監査役
3倍	2.4倍	2.2倍	1.8倍	1.6倍

7 役員退職金の準備

　オーナー社長は役員退職金を受け取った場合、どのようなことに使っているのでしょうか。その代表的な使い途として考えられるのは、次の5つです。

① 　老後の生活資金

② 　住宅ローンの一括返済や、住居の建替え等の資金

③ 　子や孫への贈与資金

④ 　万一の際の相続税納税資金や遺産分割のための資金

⑤ 　会社への貸付など

　このように、様々な目的で役員退職金の活用が考えられているようです。

　次に、役員退職金準備の計画について、具体的な事例で説明いたします。

〈A社長の事例〉
　役員報酬：300万円／月　　現在までの役員在任年数：30年
　役職：代表取締役　　年齢：55歳
〈功績倍率方式で計算〉
　最終報酬月額×在任年数×功績倍率　　※　功績倍率を3とする

（図表12）退職金シミュレーション

退職時の年齢	在任年数	勇退退職金	死亡退職金＋弔慰金	
			業務上	業務外
55歳	30年	27,000万円	37,800万円	28,800万円
56歳	31年	27,900万円	38,700万円	29,700万円
57歳	32年	28,800万円	39,600万円	30,600万円
58歳	33年	29,700万円	40,500万円	31,500万円
59歳	34年	30,600万円	41,400万円	32,400万円
60歳	35年	31,500万円	42,300万円	33,300万円
61歳	36年	32,400万円	43,200万円	34,200万円
62歳	37年	33,300万円	44,100万円	35,100万円
63歳	38年	34,200万円	45,000万円	36,000万円
64歳	39年	35,100万円	45,900万円	36,900万円
65歳	40年	36,000万円	46,800万円	37,800万円

※　死亡退職金に加算される弔慰金の額
　業務上死亡の場合⇒300万円×36ヶ月＝１億800万円
　業務外死亡の場合⇒300万円×６ヶ月＝1,800万円

　現時点で仮に、仕事中に亡くなった場合は、３億7,800万円の死亡退職金と弔慰金を配偶者や遺族が受け取ることができます。
　また、10年後に退職した場合は、勇退退職金を３億6,000万円を受け取ることができます。

　しかし中には、退職する時期は決まっていない、後継者は決まっていない、そもそも退職できるかどうかわからないとおっしゃる方もいます。
　役員退職金をいつ、いくらもらうかはっきりしていなかったとし

ても、金額が高額であり、死亡退職金の支給は突発的に発生します。

　そのため、短期的・長期的両方の視点で、準備していくことが重要ではないでしょうか。

　役員報酬にかかる所得税等の最高税率は55%であり、とても高いですが、実質税率が25%程度に抑えられる役員退職金を、確実に受け取るために、より早い時期から計画的に準備することをおすすめします。

（図表13）退職金の税金

退職金	単位（万円）				実質税率
	所得税	住民税	税額合計	手取額	
1,500万円	0	0	0	1,500	0%
3,000万円	111	75	186	2,814	6.2%
5,000万円	433	175	608	4,392	12.2%
1億円	1,463	425	1,888	8,112	18.9%
2億円	3,760	925	4,685	15,315	23.4%
3億円	6,057	1,425	7,482	22,518	24.9%
4億円	8,355	1,925	10,280	29,720	25.7%
5億円	10,652	2,425	13,077	36,923	26.2%

※　上記の税額は令和6年1月1日現在の法令をもとに、在任年数30年の場合の概算の金額を計算したものであり、実際の金額と異なることがあります。
※　数値は万円未満、小数点第二位以下を四捨五入して表記しています。
※　所得税には復興特別所得税を含め計算しています。

（図表14）役員報酬シミュレーション

単位（万円）					手取増加額	増加率
年収	社会保険料	所得税	住民税	手取額		
600	90	21	30	460		
1,200	139	127	82	851	391	65.2%
1,800	168	311	139	1,181	330	55.0%
2,400	168	527	199	1,506	324	54.1%
3,000	168	791	264	1,777	271	45.2%
3,600	168	1,037	324	2,072	295	49.2%
4,200	168	1,282	384	2,367	295	49.2%
4,800	168	1,549	444	2,639	273	45.4%
5,400	168	1,825	504	2,904	264	44.1%
6,000	168	2,100	564	3,168	264	44.1%
12,000	168	4,857	1,164	5,811	2,643	44.1%

※　上記の税額は令和6年1月1日現在の法令をもとに、概算の金額を計算したものであり、実際の金額と異なることがあります。

※　役員報酬の税額計算では、社会保険料は令和6年3月分（東京都）の料率を適用しています。

※　数値は万円未満、小数点第二位以下を四捨五入して表記しています。

※　所得税には復興特別所得税を含め計算しています。

ところで計画的に準備を行わなかった場合、どのような問題が起こるか考えてみたいと思います。

① 役員退職金支給時に一度に大きな経費が発生するため、決算内容に悪影響を与える。
② 退職時の経営状況が悪かった場合、役員退職金の額を大幅に減額せざるをえない。
③ 役員退職金を銀行から借入れて支払った場合、後継者に負担をかけることになる。
④ 経営者が亡くなった場合、状況によっては運転資金が優先され、役員退職金を支払うことが困難になる。
➡ 結果、希望の役員退職金額を大きく下回る可能性がある。

　計画的に準備をすることは、これらの問題が発生するリスクを軽減することにつながります。

8 あるオーナー社長と税理士の対談風景
(病気をきっかけに 自分が死んだ時のことを考えるように)

社　長　私事なんですが、昨年、体調を悪くして手術をしました。それまでは、健康そのもので、もし自分が死んだらどうなるかなんて考えていなかったんです。しかし、尋常ではない痛みの中で、あー、ちゃんと準備をしておくべきだったと後悔しました。

税理士　社長のように、病気をきっかけに、ご自身の死を考えるようになる方も多いですね。逆にいえば、きっかけがないと、「自分が死んだら」なんて考える方はなかなかいません。

社　長　今回、病気からは復帰できましたが、もし、あのタイミングでポックリ逝っていたらと考えると本当にぞっとします。会社と家族にどんなことが起きていたのか、ちょっと想像できません。復調した今、「喉元過ぎれば」にならないように万全の準備をしたいと考えています。

税理士　そうですね。では、今後社長に必要な対策について、一緒に考えていきましょう。ところで、社長の家族構

成はどうなっていますか?

社 長 妻、長男、長女、次女です。ただ、長男はまだ大学生
で会社を継げるような年齢ではないですし、今、万が
一のことがあったら、会社は現在の取締役の者に引き
継ぎ経営をしてもらわないと、立ち行かないと思います。

 今、私が死んだらどんなことが起こるんですか？

代表取締役の不在が会社にとって一番の問題になります。

　会社で最初に問題になるのは、代表取締役が不在になることです。

　残された取締役で取締役会を開催し、代表取締役を速やかに決定しなければなりません。

　取締役会がある会社では取締役の人数は、３名以上と法律で規定されています。社長が亡くなったことにより、取締役の人数が足りなくなった場合は、臨時株主総会を開催して、新たな取締役を選任する必要があります。

　新たな代表取締役は取締役会で選任されます。

　後任となる代表取締役の適任者がいない場合や、何らかの事情で株主総会が開催できない時は、「仮代表取締役」や「仮取締役」の選任を裁判所に請求できます。

妻が自社株を相続すると何か問題がありますか？

 社長の意思と違う方向に向かう可能性もあります。

　現在、オーナー社長ですから、会社は「経営と資本が一体となっている状態」といえます。

　しかし、もし万が一のことが起こった場合には、社長の現時点の意思は、「現在の取締役の中から代表取締役を選ぶ」というものですから、経営は現在の取締役、資本は自社株を相続された奥様や子どもが担うようになるのです。そうすると、「経営と資本が別々の状態」になるため、それに応じた経営体制にする必要があります。

　しかし、大株主の奥様が、「自分が代表取締役に就きたい」、「この会社をM＆Aで売りたい」と考えた場合、現時点の取締役の方々は最終的にこの意向に従うしかないのが現実です。

妻では経営できないので取締役から社長を選びたいと思っています。どんなことをしておけばいいですか？

 誰を代表取締役にするのかを、妻や家族に伝えておくことが必要です。また明文化しておくとよいでしょう。

　上場企業においては、経営と資本が別々なのが当たり前ですが、中小企業では、様々な問題が起こる可能性があります。

　例えば、先ほど申し上げたように奥様が社外の方に相談して、その方が「M＆Aをした方がいい」と助言すれば、社長の意思とは違う方向に進むという可能性は大いにあります。

　これを防ぐには、常日頃家族に社長の想いを伝え遺言書の中の付言などで意思を明確にしておくことも有効な方法です。

社員と家族を幸せにするために私が方向性を決めておくことが大切ということですか？

 何も決めないと声が大きい人に流されやすいものです。

　社長が方向性を決めておけば残された方は楽ですよね。もし何も決めておかなかった場合、奥様と会社の関係者が、何の方向性もない中で話し合いを持たなくてはなりません。その中で、声の大きい人がいれば、その人の主張が優先されることも考えられます。社長が明確に意思表示をされていれば、残された方にとって大きな指針となります。

　遺言書で社長の意思を明確にしておくことに加えて、「その内容を事前に当事者に伝えて納得してもらう」こともポイントになります。

遺言書を作成しても内容を変更したい時がくるのではない
でしょうか？

 年に１回考える時間を持ち、次の１年で問題と向き合うこ
とをおすすめします。

　オーナー社長は、年に一度、ご自身の万一の際のことをじっくり
考える時間をとることをおすすめします。こうすることで、問題点
が明確になります。この問題を１年かけて解決し、また次の１年で
新たな課題に取り組んでいけば間違いありません。

　特に、大きな資産の購入など財産構成の変更があった場合には、
遺言書を修正する必要があります。こういったことも定期的にチェ
ックをしないと漏れてしまいます。
　ただし、小さな財産の変更の度に遺言書を直すのは大変ですから、
「記載のない資産については、すべて○○に相続させる」という一
文を加えておくと良いでしょう。

万一があった場合の家族の生活が心配です。どのような準備をすればよいでしょうか？

 十分な死亡退職金を支払えるようにしておきましょう。

　「死亡退職金」を経営に影響を与えずに支払うには、予め準備をしておかなければなりません。

　例えば、社長を被保険者にした生命保険があります。社長に万一があった時に会社で受け取った保険金を財源に、死亡退職金を支払うといった方法です。しかるべき準備をしておけば、適正なキャッシュフローで、十分な死亡退職金を支払うことが可能となります。

　もし、この準備を怠って、死亡退職金を支払おうとしたり、ご家族に相続税を支払う目的で会社が貸し付けをしたりすると、会社には大きな負担となります。こうなると、オーナー社長の不在と自社株の問題や、死亡退職金の負担が新経営陣を襲います。

　また、財源がないので、死亡退職金が支払えないとなったら、ご家族に大きな負担となります。
　つまり、最終的には、オーナー社長の死により最大の焦点となるのは、「十分な死亡退職金が支払えるか」なのです。十分な死亡退職金をご家族に支払えれば、会社とご家族それぞれの問題を切り離して解決できるわけです。

　死亡退職金の財源がなければ、本来ご家族の問題である相続の影響が会社に及びます。それにより永年築いてきた有形、無形の財産である会社が弱体化・倒産する可能性もあります。このような事態は何としても防ぐべきです。

先生のアドバイスを活かすには実際に何から着手すれば良いですか？

 万一のことがあっても、会社や家族に迷惑をかけないためには、大きく３つのことを進めていく必要があります。どれも欠かすことはできません。

すべきこと①

　自分がいなくなった後の会社や家族の姿をイメージします。もしものことがあった時に起こるであろうことを可能な限り、具体的に思い浮かべてください。会社の幹部が分裂して会社がバラバラにならないか。取引先が離れていかないか。会社の経営は揺るがないか。

　家族に対しては、生活できるだけの収入を確保できるか。発生する問題は何か。必要なものはないか。

　こういったことを一つひとつ細かくイメージすることで、亡くなった時のことがリアルになり、何をどう解決すべきかを考える第一歩となります。

すべきこと②

　ご自身の財産をどのように分けるかを決めます。会社と家族のために、財産をどのように分けるのが適切なのか、どのように分けたいかを考えて、それを遺言書で示しておいてください。その遺言書通りに財産を分割しやすいよう準備を進める必要もあります。

すべきこと③

　死亡退職金や株の買い取りの準備ができているかをチェックします。オーナー社長の場合には、自分の会社の株式をどうするかが最大の問題になります。株式の評価はいくらなのか。相続税はどのくらいかかるのか。こういったことを明確にし、準備を進める必要があります。生命保険を活用し、万が一の場合、まとまった資金を受け取れるよう備えておけば、会社と家族の選択肢が多くなり、不安は少なくなります。

具体的な対策は自分一人では進められませんね？

 そうですね。一人で進めてはいけません。

　先ほどあげた3つのうち、 すべきこと① の自分がいなくなった後の会社や家族の姿をイメージするのは、社長ご自身にしかできません。この部分さえ整理していただければ、後は専門家に協力を仰いで進めていくことができます。特にワンマンの経営者や、自分に代わる人が社内にも家族にも見つからない経営者は、 すべきこと① を面倒に感じてしまうケースが多いようです。

　しかし、ここを整理しないことには物事は進みません。ぜひ、家族や会社のことをリアルにイメージしてみてください。

9 勇退退職金と死亡退職金

退職金には自分の意志による退職の「勇退退職金」と、死亡による退職による「死亡退職金」があります。

どちらも退職金ですが、受け取るタイミングも受け取る人も税金の課税関係も異なるので注意が必要です。

1 勇退退職金

勇退退職金は自分で退職の時期や退職金の金額を決めることができます。

勇退退職金には「完全退職による退職金」と「分掌変更による退職金」があります。

分掌変更とは役職の変更です。よくあるのは、代表取締役社長から非常勤の取締役会長になるケースです。

分掌変更による退職金については、法人税基本通達9-2-32があり、実務上の判断基準となっています。

法人税基本通達

（役員の分掌変更等の場合の退職給与）

9-2-32　法人が役員の分掌変更又は改選による再任等に際しその役員に対し退職給与として支給した給与については、その支給が、例えば次に掲げるような事実があったことによるもの

であるなど、その分掌変更等によりその役員としての地位又は職務の内容が激変し、実質的に退職したと同様の事情にあると認められることによるものである場合には、これを退職給与として取り扱うことができる。（昭54年直法2−31「四」、平19年課法2−3「二十二」、平23年課法2−17「十八」により改正）

（1）　常勤役員が非常勤役員（常時勤務していないものであっても代表権を有する者及び代表権は有しないが実質的にその法人の経営上主要な地位を占めていると認められる者を除く。）になったこと。

（2）　取締役が監査役（監査役でありながら実質的にその法人の経営上主要な地位を占めていると認められる者及びその法人の株主等で令第71条第1項第5号《使用人兼務役員とされない役員》に掲げる要件の全てを満たしている者を除く。）になったこと。

（3）　分掌変更等の後におけるその役員（その分掌変更等の後においてもその法人の経営上主要な地位を占めていると認められる者を除く。）の給与が激減（おおむね50％以上の減少）したこと。

（注）　本文の「退職給与として支給した給与」には、原則として、法人が未払金等に計上した場合の当該未払金等の額は含まれない。

通達内における重要なキーワードが2つあります。

● 「地位又は職務の内容が激変」

　　分掌変更の前と後では肩書や実際に行っている業務が激変している必要があります。

● 「実質的に退職したと同様の事情にあると認められる」

　分掌変更後も経営上主要な地位を占めていると、退職したものと認められません。

そして、通達には3つの例示も挙げられています。

① 　常勤役員が非常勤役員になったこと。

　（代表権を有する者や実質的にその法人の経営上主要な地位を占めていると認められる者は除かれています。）

② 　取締役が監査役になったこと。

　（その法人の経営上主要な地位を占めていると認められる者は除かれています。）

③ 　給与が激減（おおむね50%以上の減少）したこと。

　（その法人の経営上主要な地位を占めていると認められる者は除かれています。）

　あくまでも要件ではなく、例示ですので注意が必要です。「実質的に退職したと同様の事情にある」や「経営上主要な地位を占めている」といった点については総合的に判断されます。

　通達の最後の（注）も重要です。

　分掌変更による退職金については未払計上が原則として認められず、その事業年度内で損金とするためには事業年度内の支払いが必要です。

また「原則として」と記載があるため、例外も認められる可能性がありますが、不確定なので考慮しないことをお勧めします。

2　死亡退職金

死亡退職金はご遺族が受け取り、みなし相続財産として相続税が課税されます。ただし、死亡退職金の全額が相続税の課税対象となるわけではありません。非課税限度額があります。

> **非課税限度額＝500万円×法定相続人の数**[*]

> [*]相続を放棄した者がいても、その放棄がなかったものとした場合の法定相続人の数。

勇退退職金はご自身の意思で退職して受け取ります。それに対し、死亡退職金については、ご自身が亡くなられているので関係者の判断で支払われます。そのため、場合によっては死亡退職金が支払われないケースや、ご自身が考えていた金額より低い金額の退職金となるケースも起こり得ます。

生前に考えていた通りにならないこともあるということです。

このような事態が起こると、退職金ありきで財産分割を考えていたり、相続税の納税資金の準備をしているとしたら大変なことになります。

そのため、死亡退職金については規程や契約であらかじめ法的な拘束力を高めておく必要もあります。

10 自社株評価額と役員退職金

　相続税において上場していない株式は「取引相場のない株式」と称されます。オーナー社長が自社株の評価額が高いと嘆くのは、この相続税における評価額です。M&Aなどで会社を他人に売却するのであれば、自社株の評価額は高いほうが有利です。しかし、親族に自社株を承継させるのであれば、評価額が高いと承継コスト（主に税金）が高くなってしまいます。

1　取引相場のない株式の評価

　取引相場のない株式の評価方法については、相続税財産評価基本通達に定められています。

　評価方法には「類似業種比準方式」と「純資産価額方式」とがあります。「類似業種比準方式」は業績に連動する評価方法です。一方、「純資産価額方式」は会社の保有財産の評価に基づく評価方法です。

　役員退職金は「類似業種比準方式」の評価額に大きく影響を与えます。

　役員退職金を支払うとかなり利益が圧縮されます。一時的に損失に転じる会社もあります。そのような中、「類似業種比準方式」は評価するときの直前の決算の利益に大きく影響を受けます。

つまり高額な役員退職金を支払うと、翌期の自社株の評価額は下がるということです。そのため、退職金支給後のタイミングで株の承継などを実行するケースが多く見受けられます。

2　役員退職金と弔慰金

役員が死亡により退職した場合、「死亡退職金」の他に「弔慰金」を支払うことが可能です。税務上、この弔慰金は、死亡退職金と区別して取り扱われます。

死亡退職金や弔慰金は、社会通念上相当と認められる金額であれば、損金に算入されます。

そのため、あらかじめ死亡退職金と弔慰金とを区分して社内規程に支給基準等を定め、別のものとして支給するとよいでしょう。このように支給することで、死亡退職金とは別の弔慰金であることが明確になります。

一方、ご遺族側でも、「死亡退職金」と「弔慰金」の税務上の取り扱いは異なります。死亡退職金は「みなし相続財産」、弔慰金は下記の限度額の範囲内で「非課税」となります。

・業務上の死亡の時は、賞与以外の普通給与の３年分の金額
・業務外の死亡の時は、賞与以外の普通給与の半年分の金額

つまり、ご遺族にとって、非課税の限度額の範囲内であれば死亡退職金と弔慰金を分けた方が納税額は少なくて済むということです。

（図表15）業務上の死亡の場合の支払い例

（月額報酬300万円、功積倍率3.0、勤続年数30年、法定相続人として子が3人の場合）

《死亡退職金のみを支給した場合》　　《死亡退職金と弔慰金に分けて支給した場合》

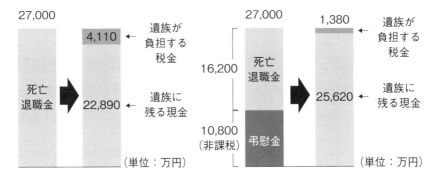

　上記の場合、死亡退職金と弔慰金に分けた方が2,730万円多く遺族に残すことができます。

⑪ 役員退職金の準備

　多くの社長は、高額な役員退職金を受け取りたいと考えていますが、会社にあまり過度な負担は与えたくないとも考えています。

　そのため、役員退職金の原資はしっかり積み立てておく必要があります。

　役員退職金の最適な準備方法は、個々の企業の財務状況などによっても異なります。

　役員退職金の準備として有効な方法の一つが生命保険の活用です。

　生命保険は一部損金としながら勇退退職金の資金を積み立てていくことができます。そして、勇退時には保険を解約して退職金の原資とすることができます。

　また、万一があった際には、十分な退職金の資金が積み立てられていなかったとしても死亡保険金が会社に支払われるため、それを原資に死亡退職金を支払うことも可能です。

　生命保険は、将来の勇退退職金の準備と、突発的に必要となる可能性がある死亡退職金のどちらにも対応することができる点が特徴的です。

　ただし、将来のスムーズな役員退職金支給のためには、複数選択

肢を組み合わせるなど、個々の事情を踏まえた準備の選択が必要です。

　そのため、専門家に相談しながら計画的な財源準備を行うことが必要と言えます。

第2章

役員退職金が
税務否認されたら
どうなるか？

役員退職金を支給後、税務調査を受けて否認された場合は、本税（本来納めるべき税金）が増加し、過少申告に係る加算税や支給してから修正申告するまでの間の延滞税等を支払うことになります。

　否認された金額が大きいと、追徴される税額も大きくなるため支給にあたっては細心の注意が必要です。

　否認される理由としては以下の2つが考えられます。万が一否認されてしまった場合にどのような影響があるのかそれぞれのケースで見ていきたいと思います。

1　支給した金額が不相当に高額であるとされた場合

2　退職したものと認められない場合

① 支給した金額が不相当に高額であるとされた場合

1 　法人への影響 　（法人税）

　不相当に高額であると認定された金額は、損金にはならず益金に加算されます。その結果、本税が増加するとともに増加した本税に対して延滞税や加算税などの附帯税が課されます。

2 　個人への影響（所得税・住民税）

　不相当に高額であると認定された場合でも個人で受け取った金額はすべて退職所得となり、修正申告等の必要がないので、個人には影響がありません。

3 　具体例

　前提：X１年３月に役員退職金を３億円支給したが、X４年３月に税務調査があり、不相当に高額であるとして２億円が否認された場合。（法人の当初申告納税額７万円（均等割のみ）、令和６年３月末時点の税率）

4　否認されたことにより増加する税金

（1）法人

法人税等	約7,508万円
過少申告加算税	約1,046万円
延滞税・延滞金	約1,957万円
合計	約1億512万円

（2）個人

影響なし

2 退職したものと認められない場合

1 法人への影響（法人税）

　分掌変更により役員退職金を支給した場合において、退職したものと認められなかった場合は、役員退職金の全額が役員賞与となり損金不算入となります。結果、本税が増加し、それに対し附帯税も課されます。

2 個人への影響（所得税・住民税）

　個人としては受け取った退職金が、退職所得ではなくなり、給与所得になります。そのため、退職したものと認められなかった場合、退職所得控除がなくなり、1/2を乗じることもできません。さらには総合課税となり、役員退職金に係る優遇税制が活用できなくなり、本税が大幅に増加し、附帯税も大きくなります。

3 具体例

　前提：X1年3月に役員退職金を2億円支給したが、X4年3月に税務調査があり、役員退職金支給後も経営上主要な地位を占めているとして全額が否認された場合。（法人の当初申告納税額7万円（均等割のみ）、令和6年3月末時点の税率）

否認されたことにより増加する税金

（1）法人

法人税等	約7,508万円
過少申告加算税・不納付加算税	約1,530万円
延滞税・延滞金	約3,500万円
合計	約1億2,538万円

（2）個人

所得税・住民税	約5,912万円

（3）法人個人合算　　　　　　　　約1億8,450万円

3 贈与税・相続税

役員退職金を支給して自社株の評価額が下がったタイミングで株を贈与していたり、相続税の申告をしていた場合において、その後に役員退職金が否認された場合には、否認された理由如何に関わらず、株価の算定にも大きな影響を及ぼします。

否認されたことにより、損金算入額が減り所得が増えるため、株価が高くなります。その場合は、贈与税や相続税の本税が増加し、附帯税が課されます。

❹ 否認されないために

　役員退職金が否認されないためには、次の3つの基準を満たす必要があります。

1　形式基準（法的な形式を整える）

　役員退職金については、会社法で株主総会の承認が必要とされています。株主総会の承認を得ていない役員退職金は役員賞与や役員貸付金とみなされる場合があります。

　例えば、株主総会は実際に開催されず議事録だけで済ますことも多いと思います。しかし株主総会が実際に開催されていないということで役員退職金を否認された例もあります。

　株主総会を開催していないのに、開催したかのように議事録を作成しているということが発覚した場合、仮装行為にあたるとして重加算税の対象となる場合もあります。そのため実際に株主総会や取締役会を開催して議事録を残すことが重要です。

2　実質基準（退職しているかどうか）

　退職の事実が認められなかった場合は、役員賞与や役員貸付金とみなされる場合があります。完全退職や死亡退職は判断しやすいの

ですが、分掌変更の場合は注意が必要です。

「実質的に退職したと同様の事情」が必要となります。分掌変更後に職務が激変したことが証明できる様に準備しておくことが必要です。

3 金額基準（相当な金額か）

法人税では役員退職金は不相当に高額な部分は損金不算入となります。では相当な金額かどうかの判断はどのようにされるのかというと、最終的には類似の他社との比較です。しかし、実務的には他社との比較が難しいため、多くの場合は次の算式により計算されます。

役員退職金の適正額＝最終報酬月額×在任年数×功績倍率

功績倍率は過去の裁判例に基づき「社長3.0、専務2.4、常務2.2、平取締役1.8、監査役1.6」とすることが多いですが、社長でも3.0未満とされた裁判例もありますので、確実とはいえない点は注意してください。

税務調査で問題となった場合は、他社との比較が判断材料になります。金額基準は金額が相当かどうかが判断されますが、役員退職金自体が否定されるものではありません。役員退職金の一部（不相当に高額な部分）が損金不算入となります。いずれにせよ合理的な計算根拠の用意は最低限必要です。

第3章

社長の退職金
Q&A

役員退職金の分割支給

役員退職金の分割支給はできますか？

解説

　役員退職金の支払いは、 2 〜 3 年の間であれば分割して支給することが可能です。この場合は原則として、株主総会の決議等によって役員退職金の額が確定した日の属する事業年度に損金算入されます。

　例外として法人が役員退職金を実際に支払った事業年度において、損金経理をした場合は、その支払った事業年度において損金の額に算入することも可能です。

　たとえば、役員退職金の額が確定した日に損金算入し、 3 年間で分割支給する場合は下記のようになります。

（図表16）役員退職金12,000万円を 3 年間で分割支給した場合

	株主総会決議日の属する事業年度	1年目	2年目	3年目
支払額	0円	4,000万円	4,000万円	4,000万円
損金計上	12,000万円	0円	0円	0円
個人の税金	納税なし	納税あり	納税あり	納税あり

　このように役員退職金を分割支給した場合、受け取る側の個人の

税金は、金額に応じて按分されます。

　また、退職時は不況だったので１年目の支払いを少なくし、その後、景気が回復してきたので新たに株主総会を開き、役員退職金を追加支給するという決議をしても、税務上は損金として認められません。

　このような場合は、利益調整とみなされ、追加で支払った分は、「寄附金」あるいは「役員賞与」と認定されてしまいます。

┌─ POINT ─────────────────────────
役員退職金の分割支給は、一般的に２～３年以内なら問題ありません。
└────────────────────────────────

●●● ケース2 ●●

現金以外の役員退職金支給

現金以外で役員退職金を支給することは可能ですか？

解説

　役員退職金を現金以外の会社の資産（不動産、生命保険、ゴルフ会員権等）で支給することは可能です。現金以外で支給することを現物支給といいます。

　現物支給する場合は、３つの注意点があります。

評価額の算定

　例えば、不動産であれば評価額を議事録において明確にしておく必要があります。客観的な評価額を証明するため、不動産鑑定士による鑑定価額や公示価格を元に算定された金額が望ましいでしょう。

注意点 2 評価額と帳簿価額との差

　現物支給する資産の評価額と帳簿価額に差があれば「益」又は「損」が発生します。これに基づき、会計・税務処理を行う必要があります。

注意点 3 所得税等の源泉徴収を行うこと

　会社が所得税等を源泉徴収する義務があるので、現物支給の場合は会社に現金で支払うか、現物支給する資産とは別に一部を現金で支給し、そこから源泉徴収する必要があります。

POINT

現物支給する際は評価額や源泉徴収に注意が必要です。

複数の会社からの退職金支給

　複数の会社から退職金の支給を受ける際の注意点はありますか？

解説

　前年以前4年内に、他の支払者から支払われた退職金等がある場合には退職所得控除額の調整が必要です。

　退職金が税務上、有利に扱われるのは、「退職所得控除」「課税対象が2分の1になる」「分離課税」という理由によります。複数の会社から退職金を受け取る場合、退職所得控除に制限がかかる場合があります。その具体的な内容は、次の通りです。

① 　同一年に2社以上からの退職金の支払いを受ける場合

　退職金の支払いを受けるすべての会社のうち、最も長い勤続年数で退職所得控除額を計算することになります（それぞれの会社の勤続年数で別々には控除はできません）。

② 　前年以前4年内に他社から退職金の支払いを受けている場合

（1）　その年の退職金の勤続年数で計算した退職所得控除額

（2）　重複部分期間を勤続年数として計算した退職所得控除額

　　※ （1）－（2）＝今回の退職所得控除額となります。

つまり、以前に支給を受けた退職金の計算の際に、控除した部分の退職所得控除額については、今回の計算では考慮せず、双方の退職金で控除はしないということです。

POINT

複数の会社から退職金の支給を受ける場合は、4年超の間隔をあけましょう。

ケース4 ●●
会社清算、M&A の役員退職金支給

会社清算、M&A を行う場合、役員退職金を支給できますか？

解説

役員退職金を支給することは可能です。役員退職金を支給した方が税務上有利になる場合があります。

1　清算する場合の考え方

清算する場合、財産債務を整理し残余財産を確定する過程で生じた利益にも法人税がかかります。そして清算が結了し残余財産の分配を受けた場合、その分配された金額が払込資本を超えるときは、その超える部分は配当所得となり所得税と住民税（最高55%）が課税されます。

一方、役員退職金を支払うことにより過大でない金額は損金とな

り法人税を圧縮することができます。そして個人が受ける残余財産の一部または全部が退職金となることにより、所得区分は、配当所得から退職所得になるため税負担が軽減されます。

2　M&A の場合の考え方

　会社を株式譲渡で売却する場合、株式の譲渡代金に含めるのか、役員退職金をもらうべきかで迷うケースが多いようです。株式の譲渡益に係る税率は一律20%（所得税15%、住民税5%）ですが、退職金に係る税率は金額により異なります。また、買い手の企業としては役員退職金を支給することにより大きな損金を計上できるメリットがあるので、これらを比較して有利な方を選択すると良いでしょう。

┌─ POINT ─
│ M&A の際は役員退職金を支給した方が買い手も有利になる場
│ 合があるので交渉しましょう。
└──────────

役員在任年数の計算基準日

損金算入限度額を計算する際の役員在任年数の計算基準日はい
つからですか？

解説

原則として、役員に就任した日からの年数になります。

税務上の役員退職金の損金算入限度額の計算の際、下記の功績倍
率法を用いるケースが一般的です。

退職金の支給限度額＝最終報酬月額×在任年数*×功績倍率

＊役員としての勤続年数に限定され、従業員の期間は含みません。また、
個人事業主から法人成りした場合、個人事業の時代と会社は別物ですの
で、通算はできません。

ただし、従業員から役員に昇格する際に退職金の支給をしていな
い場合には、従業員としての退職金の適正額相当を加算することは
可能です。

一方、退職所得控除額の計算をする際の勤続年数は、従業員の時
の年数を通算できます。

> **POINT**
>
> 税務上の損金算入限度額の計算の際の在任年数と退職所得控除
> を計算する際の勤続年数の範囲は異なります。

ケース 6 ●

iDeCo と退職金を一時金で受け取る場合

> iDeCo（個人型確定拠出年金：イデコ）に加入していますが退
> 職金を受け取る際に気を付ける点はありますか？

解説

それぞれを受け取る間隔に気を付けましょう。

退職金も iDeCo も一時金で受け取る場合は退職所得になります。

前年以前 4 年内に他の支払者から支払われた退職金等がある場合
には退職所得控除額の調整が必要です。

iDeCo を一時金で受け取る場合も同様の調整が必要ですが、
iDeCo の場合は、その期間が「4 年内」ではなく「19年内」とな
るため、退職金と iDeCo を受け取る期間が19年以内の場合は、退
職金よりも iDeCo を先に受け取る方が有利になります。

> **POINT**
>
> どちらも一時金で受け取る場合は、退職金よりも iDeCo を先
> に受け取る方が有利になる場合があります。

株主総会の決議前の役員退職金支給

　　株主総会で決議する前に役員退職金を支給することは可能ですか？

解説

　役員退職金を支給した事業年度に損金経理すれば損金算入可能です。

　役員退職金は原則として株主総会の決議等により、その額が具体的に確定した日の属する事業年度に損金算入されますが、役員退職金を支払った日の属する事業年度において、その支払った額につき損金経理した場合でも損金算入が認められています。

　勇退退職金の場合は、支給時期をある程度コントロールすることが可能ですが、例えば、定時株主総会後まもなくして役員が死亡し、次の定時株主総会までは1年近くある場合があります。その場合は、臨時株主総会を開いて決議すればよいのですが、何らかの理由により臨時の株主総会が開けない場合でも損金経理することにより損金算入は可能です。しかし、その場合でも後で株主総会での決議は必要です。

POINT

原則は株主総会の決議日が属する事業年度、例外的に支払日の属する事業年度に損金経理をおこなう。

退職金の確定申告

退職金を受け取ったら確定申告は必要ですか？

解説

退職金に係る税金は源泉徴収されているため、原則確定申告をする必要はありません。

退職金を受け取る際、「退職所得の受給に関する申告書」を支払者に対して提出していれば退職所得控除などが加味された上で源泉徴収されるため、確定申告の必要はありません。

ただし、医療費控除や寄附金控除の適用を受けるなどの理由で確定申告書を提出する場合は、確定申告書に退職所得の金額を記載する必要があります。

また、「退職所得の受給に関する申告書」を提出していない場合も、退職金等の支払金額の20.42パーセントの所得税額等が源泉徴収されていますので、確定申告しなくても問題ありません。しかし、確定申告することにより税金が還付されるケースがほとんどですので、確定申告した方が良いでしょう。

POINT

「退職所得の受給に関する申告書」を提出していれば確定申告は不要です。

役員が被保険者になっている生命保険

　役員が被保険者になっている生命保険に加入しています。保険料の一部が損金になる保険ですが、当該役員が退職後も保険契約を継続することは可能ですか？

解説

　継続可能です。ただし、保険料は損金算入できません。

　生命保険の中には保険料の一部または全部が損金になり、保険期間の途中で解約した際に解約返戻金が支払われるタイプのものがあります。そのような保険を返戻率が高くなる前に解約をしてしまうと大きな損失が生じる場合があります。

　その場合、解約返戻率がピークを迎えるまで継続することは可能ですが、下記の点に注意が必要です。

1　保険料は損金不算入

　法人が契約者・保険金受取人となって、その法人の役員または使用人を被保険者とする定期保険等の保険料を支払った場合には、一定の場合を除き、保険料の一部または全部が損金となります。しかし、退職した者が被保険者の保険料は基本的に損金算入できません。

2　保険金支払事由が生じた場合の取り決めを明確に

　退職後も保険契約が継続し、保険金支払事由が発生した場合、保

険金を請求する際に診断書等の提出が必要になるため、取り決めを明確にしておかないと本人やその家族と争いになるリスクがあります。

POINT

保険契約の継続は可能だが、リスク回避のため速やかに解約をした方がいいでしょう。

ケース10 ●●●●●●●●●●●●●●●●●●●●●●●●●●●●

事業承継した息子が急逝した場合

息子に事業承継し、役員退職金を受け取って退任しましたが、息子が急逝してしまったため、代表に復帰することになりました。役員退職金が否認されることはありませんか？

解説

否認されるリスクは少ないでしょう。

いったんは代表を退いたものの、諸般の事情により代表に復帰するというケースも少なくありません。その際に問題になるのは代表を退いたときに役員退職金を受け取っていた場合です。

実質的に退職とみなされなければ、税務調査において役員退職金が否認されるリスクが高くなります。

今回の質問のケースや、後継の社長がやむを得ず退任して後任がいない場合、後継社長に数年任せてみたものの、株主などから再任を懇願された等の相当な理由がある場合は、否認リスクは少ないと考えられます。

POINT

復帰理由の如何によっては役員退職金を否認されるリスクが高くなります。

ケース11 ･･････････････････････････････････････

1年当たり平均額法

　現在の役員報酬が低いため、功績倍率法で損金算入限度額を計算すると金額が著しく低くなります。ほかに方法はありますか？

解説

　最終報酬月額の代わりに在任期間中の役員報酬の平均月額を用いたり、「1年当たり平均額法」で算出する方法もあります。

　功績倍率法は過去の裁判例においても合理的な方法であると認められているので、実務でもこの方法で損金算入限度額を計算するケースが多いと思います。

　しかし、何らかの理由により最終報酬月額が著しく低く、今までの功績の程度がきちんと反映されていない場合は、就任から退任ま

での報酬の平均額を求め最終報酬月額の代わりにその算出した平均額を用いた方法や、同業類似法人の1年当たり役員退職金の平均額を用いた「1年当たり平均額法」により計算することも可能です。

「1年当たり平均額法」の計算式につきましては、第4章（P92）にて記載しておりますのでそちらをご参照ください。

ただし、同業類似法人の1年当たり役員退職金平均額は公表されていないので、納税者側で算出しなければならず、仮に算出できたとしてもそれが認められるとは限りません。

「功績倍率法」にしろ「1年当たり平均額法」にしろ、最終的に支給した役員退職金額が不相当に高額でなければ問題ありません。

不相当に高額でないということをしっかりと説明できるようにしておくことが重要です。

> **POINT**
>
> **最終的に支給した役員退職金額が、不相当に高額でなければ問題はありません。**

退職金規程の作成

　役員退職金を支給するまでに退職金規程を必ず作成しなければいけませんか？

解説

　退職金規程の作成は必須ではありません。

　役員退職金の支給については、会社法により定款に規定をするか、あるいは株主総会での決議が必要とされています。しかし、詳細までを株主総会で決めることは少ないです。その場合は規程に定めておくことにより、役員退職金の金額、支給時期、支給方法などを取締役会に一任することが可能です。

　なお、法人税法基本通達では、「退職した役員に対する退職給与の額の損金算入の時期は、株主総会の決議等によりその額が具体的に確定した日の属する事業年度とする。（以下略）」とされているため、税務上、株主総会の決議が必要となりますが、退職金規程の有無については何ら触れておりません。

　従って、規程がないことを理由に退職金が否認されることはありません。

　また、退職金規程を作成した場合、他の役員が退職する際にはその規程に定めるとおりに退職金を支給しないともめる可能性があり

ます。

　一方、退職金規程は退職金の具体的な内容について取締役会に一任する場合は必要になりますし、支給額の計算根拠にもなりますので、他の役員などに対しても説明しやすいというメリットもあります。

　退職金規程を作成するか否かは、上記のようなデメリットやメリットを勘案して検討してください。

POINT
退職金規程がないという理由で退職金が否認されることはありません。

勤務実態のない配偶者（取締役）に対する役員退職金

・・

　勤務実態のない配偶者に役員退職金を支払うと、役員退職金だけでなく、それがきっかけで過去の役員報酬が否認される可能性があります。

　そもそも、取締役の登記をしているからといって、高額な役員報酬を支払ってもよいというわけではありません。ある程度の報酬を払うためには、経営に参画していることが必要です。

　2～3日の税務調査で経営参画の実態があるか否か把握しきれないであろうと考えていると痛い目に遭います。経営に参画しているということは、会社において何らかの役割があり、本人も経営に関する情報を持っているのが普通です。通常、仕事には相手が存在します。それらが確認できないと、経営に参画しているとは認められないと考えられます。

　オーナー社長の場合は、自分自身であらゆることを決定している場合が多いと思いますが、その役割の一部を明確な形で割り振り、成果として分かり易くなっていることが重要です。外部とのメールのやりとり、成果物の存在、会社の組織図などに明確な役割があると実態を主張しやすくなるでしょう。

第 **4** 章

裁判例・裁決事例
から学ぶ境界線

真正な議事録でなく実質的にも退職していないとされた事例

裁決要旨

○　請求人は、役員変更及び元代表取締役Ａ（現代表取締役）及び取締役Ｂ（Ａの妻）の役員退職金の支給は、正当な手続を経た合法的な行為である旨主張するが、本件社員総会議事録は真正に作成されたものであるとは認められず、また、後任の前代表取締役Ｃ（Ａの長男）は、登記上、代表取締役であったとする期間は銀行に勤務し、請求人の業務に一切関与しておらず、Ａは代表取締役退任後も請求人の業務を引き続き行い、さらに5年後に請求人の代表取締役に復帰しており、代表取締役を辞任する特段の事情も認められないことからすると、実質的な役員変更はなく、実質的な代表取締役はＡであると認めるのが相当である。したがって、本件社員総会に係る実質的な役員変更がなかったにもかかわらず、請求人が損金の額に算入した本件役員退職金は事実を仮装したものであるとした原処分は相当である。（平10.6.22札裁（法・諸）平9-37）

（出典：国税不服審判所HP）

形式基準と実質基準が争点になった裁決事例

・代表取締役から取締役に分掌変更
・社員総会議事録は真正なものではない（議事録のみ作成）
・5年後に代表取締役に復帰

裁決では、退職金が否認されました。社員総会の開催実績がなく、社員総会議事録が真正なものではないとされたことと、登記上は退職したことにしているものの、実際には、代表取締役が継続して在位していたと認定された事例です。

1　登記は万能か？

　税務調査において、登記は万能ではありません。特に親族だけで経営する小規模な会社の場合には、代表取締役が誰かというよりも役職はどうであれ、創業者個人が会社の顔になっている場合があります。

　形式上、代表取締役を長男にしても、その長男が他の会社に勤務していて、親族の経営する会社の経営に参画するのが困難な状況にあるような場合には、実態で判断される可能性が極めて高いといえます。

　親族経営の会社では、大きな利益が算定されるたびに、親族役員を順番に退職させて退職金を計上し、利益の圧縮を図るという事例が見受けられます。この親族役員の退職については、役員として経営に参画していた事実、そして退職の事実があれば、有効な節税対策といえます。

　しかし、役員としての経営参画の事実がなかったり、実際には、退職せずに、引き続き同じ業務を担当している場合には、退職金の否認及び過去に支払った役員報酬の否認という形で問題になる可能性が高いといえます。

代表取締役から取締役への分掌変更に伴い支給した役員退職金について損金算入が認められないとした事例

裁決要旨

○　代表取締役から取締役への分掌変更に伴い支給した役員退職給与について、［1］臨時株主総会議事録及び取締役会議事録等は、いずれも真正に作成されたものと認められないことから、代表取締役辞任及び本件役員退職給与の支給についての証拠資料とは認められないこと、［2］当該議事録の内容について所定の商業登記がされていないこと、［3］その当時、当該代表取締役は高齢であったが、著しく健康を害していたとは認められず、かつ、他に定時株主総会まで従来どおり代表取締役としての執務ができない特段の事情があったと認めるに足りる証拠資料がないこと及び［4］取締役への分掌変更後における報酬の支給状況等からみて、当該取締役が臨時株主総会時において、実質的に退職と同様の事情にあったとは認められないから、当該役員退職金は損金の額に算入することはできない。

（出典：昭和56年6月23日裁決　裁決事例集第22集133頁）

1　株主総会

　会社法において役員報酬や役員退職金は株主総会の承認が必要とされています。株主総会が実際には開催されていない場合には、その退職金は株主総会の承認を得ていないことから退職金としては認

められません。

　そして実際に開催されていない株主総会の議事録を作成すること
は仮装行為に該当し、重加算税も課される可能性もあります。

2　議事録の作成

　退職金は、会社の経費の中では最大級の出費になります。この退
職金の支出に関しては、正規の手続きを踏み、株主総会で決議する
必要があります。また、規程があれば金額を取締役会で決議するこ
とも可能ですが、その場合には、取締役会も開催する必要がありま
す。

　オーナー経営の会社の場合、実際に株主総会を開催している会社
は少ないと思います。しかし、開催した実績のない株主総会や取締
役会の議事録があるのは、偽装にほかなりません。この事実をもっ
て、仮装・隠ぺいにより重加算税が課される可能性があります。

　通常の事業年度において、株主総会や取締役会の開催が問題にな
ることは、ほとんどありません。しかし、退職金の支払いがある事
業年度に関しては、株主総会や取締役会を実際に開催して、議事録
を残しておく方がよいでしょう。思わぬリスクを抱えることになり
ます。

実際には株主総会を開催せず議事録のみを作成した事例

裁決要旨

○　請求人は退職した取締役に係る退職金については事前に全株主の同意を得ており、その証明のために決算前の日付による臨時株主総会議事録を作成して未払金としてその全額を損金に算入したことについて、臨時株主総会議事録の作成は仮装の行為にあたらない旨主張する。

　しかし請求人が実際には開催されていない本件臨時株主総会について本件臨時株主総会議事録を作成し、それに基づき本件役員退職給与の額を所得の金額の計算上、損金の額に算入した行為は、通則法第68条第1項に規定する国税の課税標準等又は税額等の計算の基礎となるべき事実の全部又は一部を仮装し、その仮装したところに基づき納税申告書を提出したときに該当するというべきである。

（出典：平成20年4月24日裁決　非公開　TAINS番号F0-2-465）

　取締役の退職金につき全株主の同意を得てはいたが、実際に臨時株主総会は開催していなかった事例です。担当者は役員退職金については株主総会の承認が必要なことを知り、本件事業年度の損金とするために、決算日後に臨時株主総会議事録を作成しました。臨時株主総会は実際には開催されていないことは認めつつ仮装の行為には当たらないと主張しましたが、その主張は通りませんでした。

実質的に退職していないとされた事例

○　前代表取締役甲の代表取締役から取締役（会長）への分掌変更に伴う役員退職給与の支給について、請求人は、甲が当該分掌変更により実質的に経営に参画せず法人税基本通達9－2－23に定める退職したと同様の事情にあり、また、株主総会及び取締役会の決議を経て支給も適正であるなど形式的な一連の手続を経ている旨主張する。しかしながら、甲は、①請求人の発行済株式の全部を所有し、分掌変更後も株主総会及び取締役会に出席するなど請求人の経営にいつでも参画できること、②分掌変更後も請求人に常勤し営業や営業所の業務に関与していること、③業務担当の各責任者は請求人の経営に関する権限はないこと及び④新たに代表取締役になったのは甲と生計を一にする妻であり、その生計を一にする甲と妻の月額報酬合計額は分掌変更前の甲の月額報酬と同額であり実質的に変化がないことから当該通達に定める退職したと同様の事情にあるとは認められず、また、形式的な要件を備えたことをもって役員を退職したことにはならないから、当該役員退職給与の損金算入は認められず、役員賞与と認定した原処分は相当である。（平15.8.4東裁（法）平15-29）

（出典：国税不服審判所HP）

4

裁判例・裁決事例から学ぶ境界線

1 分掌変更による退職

　分掌変更による退職金の支給（税務上の退職）は、代表取締役でなくなり、役員報酬が激減（おおむね50%以上の減少）し、経営上主要な地位を占めている者でないことが要件になります。

　事例では、代表権をなくし、役員報酬も減額をしています。しかし妻の役員報酬との合計額を比べると変わっておらず、実質的に変化がないとされました。従前どおり経営に関与もしており、実質的に退職していないと判断されました。

2 税務調査で、経営上主要な地位を占めていると判断される

　経営上主要な地位を占めていると判断されると、実質的に退職していないと判断されます。経営上主要な地位を占めていると判断されないためには、今まで社長が担っていた業務を、他の誰かが担当している、あるいはその権限を明確に委譲していることが必要です。その責務の引き受けをしている者がいなければ、引き続き、前社長が権限を有していると判断される可能性があります。

（図表17）「経営上主要な地位を占めているか」チェックリスト

	項目	退任以降の状況	回答 （はい・ いいえ）
1	実印・銀行印	会社の実印・銀行印は現社長が保管しているか？	
2	株主総会等	株主総会・取締役会は実際に開催されているか？	
3	商業登記	変更は登記されているか？	
4	交代の挨拶状	取引先、金融機関に挨拶状を発送し社長の交代を告知しているか？	
5	個人保証の変更	借入金がある場合の個人保証を変更しているか？	
6	給与・賞与額の査定・決定	現社長が査定・決定しているか？	
7	人事異動	人事権は現社長が持っているか？	
8	稼働日の決定	稼働カレンダーの決定は現社長が行っているか？	
9	決算書・申告書の承認	決算書・申告書の内容は、現社長が把握し記名押印しているか？	
10	役員報酬の金額	役員報酬の金額は現社長が最高額となっているか？	
11	主要業務の委譲	主要業務（銀行・取引先交渉など）は、現社長等に委譲しているか？	
12	出勤日	勤務実態は適切か？（毎日出社していないか？）	
13	取締役会等	取締役ではないにもかかわらず、取締役会・主要な会議などへ出席していないか？	
14	組織図	指示系統の変更は行い、周知されているか？	

裁判例・裁決事例から学ぶ境界線

事例5 　　**実質基準**

経営上主要な地位を占めているとされた事例

　裁決要旨

○　請求人は、前代表取締役（本件役員）が同職を辞職し、取締役
となったこと（本件分掌変更）によって、本件分掌変更後は、商品
の製造に関する技術的な指導を行うだけで請求人の経営に関与して
ないこと及び役員給与の額が3分の1に減額されたことなどから、
本件役員には実質的に退職したと同様の事情があり、本件分掌変更
に際して支給した金員は、役員退職給与に該当する旨主張する。本
件役員について、分掌変更後の出勤状況が月に3、4日程度になる
とともに役員給与の額が3分の1になっていることは確認されるが、
請求人には同族関係者以外の役員はいないこと、本件役員が、請求
人の発行する株式総数の2分の1を超える数を有していること、ま
た、請求人にとって重要な商品の製造管理業務を行っていること等
を総合的に勘案すると、本件役員は、本件分掌変更後においても、
請求人にとって不可欠な業務を行い、影響力のある地位を占めてい
ると認められるから、本件分掌変更により実質的に退職したと同様
の事情にあるとは認められず、本件金員について、役員退職給与と
して取り扱うことはできない。（平24.12.18沖裁（法）平24-5）

（出典：国税不服審判所HP）

経営上主要な地位（実質基準）が争点

・代表取締役から取締役に分掌変更

・非常勤の勤務であり月に3日から4日の出勤

・役員報酬は従前の3分の1に減額

・重要な商品の製造管理業務を行っている

・役員はすべて同族関係者のみ（他人の役員はいない）

・2分の1を超える大株主

1　分掌変更の要件

　「代表取締役から取締役になり、役員報酬を2分の1未満とし、経営上主要な地位を占めていなければ、分掌変更によるみなし退職の要件を満たします」。この事例で気になるのは、実質基準（経営上主要な地位を占めるか否か）を満たしているかどうかです。

2　実質基準の適用

　会社の売上の大半を占める製品の製造工程の技術については、退任した前代表取締役が担当してると、会社にとって主要な地位を占めているという、事実認定になります。税務調査について「調査官はそこまで詳しくはないだろう」「業務の内容を知らないので何とかなるだろう」と考える方も少なくありません。しかし、こうした考えは危険です。

税務調査では、工場で働いている従業員や取引先に、不意に質問したりします。例えば、「御社の主要な製品の製造工程の技術について、誰が管理していますか？」などの質問です。質問された方は、自分の知りうる範囲で、事実に基づいた回答をするのが普通です。

　また、勤務実態を確認する場合にも、「前社長は、毎日、何時ごろ会社にお見えになりますか？」という質問を、会社の受付の方、または、警備を担当されている方に質問して、「毎日、8時頃です。たまに、9時ごろになることもあります。」という回答があると、ほぼ毎日、会社に来ていると把握されます。このような確認が行われた結果、退職金が否認される可能性があります。

事例6　　**金額基準**

税務署が主張した功績倍率3.5が採用された事例

[裁決要旨]

○　原処分庁は、類似法人として抽出した中で、功績倍率の高い２社の平均功績倍率が、請求人の「役員退職慰労金規程」の役員退職慰労金額の計算における、代表取締役に対する役位係数3.5の近似値であるとして、功績倍率を3.5として適性役員退職給与の額を算出し、それを超える部分を法人税法第36条に規定する不相当に高額な部分であるとした。

　一方、請求人は、請求人の「役員退職慰労金規程」に基づいて役員退職慰労金等を支給したのであり、法人税法第36条に規定する不相当に高額な部分はない旨主張する。

　このため、類似法人の抽出内容を検討すると、原処分庁は、類似法人として抽出した法人の功績倍率の上位２社の平均値で類似法人の功績倍率を算定しており、かつ、当該２社は、いずれも代表取締役に対する支給事例ではないため、類似性が認められない。そこで、当審判所において、Ａ国税局管内及び隣接県のＢ県における類似法人を再抽出した。しかしながら、その抽出した法人の中で、代表取締役に対する支給事例は１社のみであるため、当該類似法人の各指標を用いて平均功績倍率法等を採用（適用）することは相当でないところ、原処分庁と請求人が採用した功績倍率3.5を不相当とする理由もないことから、功績倍率を3.5として役員退職給与の相当額を算定したところ、原処分と同額となったので、原処分は適法であ

る。(平18. 5 .22熊裁（法）平17-10)

（出典：国税不服審判所 HP）

1　退職金の算定方法

（1）　功績倍率法

　「功績倍率法」とは、次の算式のとおり、退職直前の報酬月額、勤続年数と功績倍率の３要素で退職金の適正額を計算する方法であり、多くの会社が、「功績倍率法」により退職金を計算しています。

> **退職金相当額＝退職直前の報酬月額×在任年数×功績倍率**

（2）　１年当たり平均額法

　「１年当たり平均額法」とは、次の算式のとおり、当社と類似する法人を数社選定し、その平均的な１年当たり退職金額を基に適正な退職金額を求めようという方法です。この方法は、会社の代表取締役として長年会社の中枢にいた方が、退職時には非常勤取締役となっており、その報酬月額が前役職当時に比べて減少しているような場合や、退職時の報酬月額そのものが、その役員の在職期間中の職務内容等からみて、著しく低額であるような場合など、退任役員の最終報酬月額が適正でなく、「功績倍率法」では合理性に欠ける場合に採用されるものです。

> **退職金相当額＝比較法人の１年当たり退職金平均金額[*]×在任年数**

＊比較法人の１年当たり退職金額及び平均金額の求め方

$$\frac{\text{役員退職金}}{\text{在任年数}} = \text{比較法人の１年当たり退職金額}$$

$$\frac{\text{比較法人の１年当たり退職金額の合計}}{\text{比較法人数}} = \text{比較法人の１年当たり退職金平均金額}$$

　なお、「功績倍率法」と「１年当たり平均額法」の計算においては、当社と売上金額、所得金額、総資産価額、純資産価額等が類似する法人を数社選定し、これら比較法人の退職金支給に関するデータを基に算出することが最も合理的な算定方法となります。

　しかし、一般企業では類似法人の退職金に関する詳細なデータは通常入手できません。したがって、実務上は、公表されている退職金支給に関するデータを基に、できうる範囲で他社の支給実績との比較を行うことになります。

2　過大退職金の否認

　会社の算定した退職金額が過大と認定された場合には、通常は、類似比較法人の平均功績倍率などを用いて適正退職金額を算定し、会社が計上した金額との差額が過大退職金額として否認されます。

　ただし、納税者側としては、類似比較法人のデータを入手することは困難であるため、税務署側が圧倒的に有利な状況にあります。

　功績倍率法による場合には、各要素の数値を間違えないことがとても重要です。最終報酬月額の金額、勤続年数（役員としての在任期間）などは、間違えがないように確認しましょう。

金額基準

役員退職慰労金の算定に当たり、みなす役員としての期間を算
入すべきであるとの主張を退けた事例

| 裁決要旨 |

○　請求人は、退職した専務取締役の在職期間の算定について、い
わゆる「みなす役員」であつた期間をも算入すべきであると主張す
るが、みなす役員として勤務していたとの事情が明らかではないこ
と、役員に就任した当時に退職金の支給を受けていたこと等からす
れば、みなす役員に該当するとは認められず、役員の在職期間の算
定においては、みなす役員であつたと主張する期間を算入すること
は認められない。

　　　　　（出典：平成元年6月21日裁決　裁決事例集第37集185頁）

　請求人は退職金の計算において在職期間に取締役に就任する前の
みなし役員であったと主張する期間も含めていました。

　法人税法において役員は「法人の取締役、執行役、会計参与、監
査役、理事、監事及び清算人並びにこれら以外の者で法人の経営に
従事している者のうち政令で定めるものをいう。」と規定され、経
営に従事していることが役員の要件の一つとなっています。

　退職した専務取締役は取締役就任前の期間については経営に従事
していたと認められず、取締役就任後の期間のみを在職期間として

計算した退職金の金額を超える部分の金額は過大な退職金として損金不算入とされました。役員の在任期間については注意が必要です。

> ### 事例8　金額基準
>
> 比較法人の平均功績倍率が、裁判事例や裁決事例による功績倍率よりも低いことのみをもって相当性を欠くものではないとした事例

| 裁決要旨 |

○　請求人は、法人税法第36条及び法人税法施行令第72条に規定する適正役員退職給与の額の具体的な判断基準としていわゆる功績倍率法を用いることについて争いはないが、原処分庁が類似比較法人として選定した会社は不明であり、その数も少ないこと、代表取締役と取締役の功績倍率が同じというのは不自然であり、社会通念上も余りに低率であること、Ｆは創業以来の代表取締役であること、Ｈは創業者の妻であり創業以来の取締役であること、裁判事例や裁決事例でも功績倍率が3.3～3.6倍というのは定着していることなどからすると、Ｆの功績倍率を3.6、Ｈの功績倍率を3.3とするのが相当である旨主張する。

　原処分庁は、功績倍率を求めるために、請求人の類似比較法人として4社を選定しているところ、その抽出基準は請求人の事業内容や事業規模等を反映させたものであって合理的なものと認められ、実際に比較法人を抽出するに当たって、恣意的に抽出した等の事情は認められない。

　ただし、比較法人のうち、ａ法人については、資金繰りのために役員退職給与規定に定められた功績倍率より大幅に低率の功績倍率に基づいて算定した退職給与を支給したとの特殊な事情があり、実

際に支給された金額も他の3社に比べて大幅に低いものであること
に照らすと、比較法人からa法人を除外した3社を比較法人として、
功績倍率を算定するのが相当である。そうすると、平均功績倍率は
1.9となる。

　確かに、平均功績倍率を算出するに当たっては、比較法人の数が
多いことは望ましいが、その数が少ないことのみをもって、算出さ
れた平均功績倍率が相当性を欠くということはできず、上記の事情
によれば、比較法人を3社として平均功績倍率を算出したことに合
理性がないとはいえない。

　また、功績倍率を定めるに当たっては、代表取締役か取締役か、
また、創業以来の役員であるかどうかなどの名目だけではなく、会
社への実際の貢献度等の実質も考慮されるべきであるところ、当審
判所の調査によっても、上記の平均功績倍率を本件に当てはめるこ
とが相当性を欠くと認められるほどに、F及びHの請求人への貢献
度が高かったことを裏付ける事情は認められない。

　さらに、本件に関する具体的事情を考慮せず、裁判事例や裁決事
例と異なるというだけで、上記の平均功績倍率が社会通念上不相当
に低率であるということもできない。

　　　　　　　（出典：平成19年11月15日裁決　裁決事例集第74集146頁）

　類似比較法人の功績倍率の平均値が想像以上に低かった事例です。
税務調査で役員退職金の金額が適正かどうかは類似法人との比較に
なります。地域や業種によってはその適正額が予想以上に低く算出
される場合があります。

保険金収入の存在は役員退職給与の適正額の算定に当たり斟酌
する必要がないとされた事例

判決要旨

○　原告は役員の退職給与額の決定にあたっては、創業者か否か、
会社設立後の経過年数、売上高、所得金額、利益準備金の有無及び
その金額、保険金の有無及び金額などの諸点が十分に考慮されるべ
きであると主張する。

　しかし、保険金収入と同額の金員を当該死亡役員の退職給与とし
て支給した場合であっても、利益金としての保険料収入と、損金と
しての退職金支給とは、それぞれ別個に考えるべきものであるし、
一般に会社が役員を被保険者とする生命保険契約を締結するのは、
永年勤続の後に退職する役員に退職給与金を支給する必要を充足す
るためと、役員の死亡により受けることがある経営上の損失を填補
するためであるというべきであるから、会社が取得した保険金中、
当該役員の退職給与の適正額より多額であると認められる部分は、
役員の死亡により会社の受ける経営上の損失の填補のために会社に
留保されるべきものである。したがつて、被告が保険金の支払の有
無を退職給与の適正額算定の資料として特段の斟酌をしていないと
しても、これをもつて、不当な算定方法であるということはできな
い。

　（出典：平成元年 1 月23日　東京高裁　税務訴訟資料第169号 5 頁）

会社側は役員退職金の適正額の算定にあたっては保険金収入の金額も考慮すべきと主張しました。しかし収入である保険金と支出である退職金は、それぞれ別個に考えるものであって、退職金の適正額の算定にあたっては考慮しないとされました。

| 事例10 | 金額基準 |

死亡退職金が不相当に高額とされた事例

| 裁決要旨 |

○　請求人は、①死亡退職した前代表取締役の功績を総合的に判断すれば、役員退職給与の算定に用いた功績倍率5.0は妥当であること及び②受取保険金の範囲内での支給であることから、本件役員退職給与には不相当に高額な部分の金額はない旨主張する。しかしながら、過大な役員退職給与の額の判定にあたっては、類似比較法人の平均功績倍率をもって判定することが相当であると認められ、①その平均功績倍率は類似比較法人として適切な8社の平均で2.0となること及び②益金としての保険金の受取りと損金としての役員退職給与の支給とは、それぞれ別個に考えるべきものであることから、請求人の主張には理由がない。（平15.11.17高裁（法）平15-7）

（出典：国税不服審判所HP）

　本事例も事例9と同様に会社が受け取った保険金の金額は退職金額の算定に影響を与えるものではなく、別個に考えるべきものであるとの判断となっています。
　生命保険等を契約する場合は使い途を考慮して契約する必要があります。

第5章

議事録作成
マニュアル

1 マニュアル作成にあたって

　退職金を損金算入するには、さまざまな要件をクリアしなければなりません。その中で、特に形式的要件である「株主総会の開催」を軽視している中小企業が多いのが実情です。なぜならば、今まで株主総会を開催していなくても、議事録だけ整備していれば特段不利益を被ることがなかったからです。

　しかし、退職金支給の局面では、株主総会を開催したことにした議事録を税務署に指摘され、否認につながっているケースがあります。

　本マニュアルは、税務署が指摘する中小企業の「株主総会の開催」に焦点をあて、形式的要件を確実に抑えることを目的として作成しました。多くの法人に本マニュアルを活用していただき、税務否認の防衛につながることを心より願っております。

2 株主が親族のみの場合

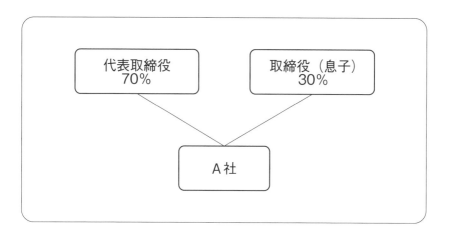

Q1

株主総会の開催

　今まで株主総会を開催したことがありません。通常、中小零細企業は、株主総会など行っていないと思いますが、それでも必要でしょうか？

回答

　株主総会は、会社の大小を問わず、法律上必ず開催しなければなりません。ただし、開催を省略する手続きも法律に定められています。きちんとした法律上の手続きを踏めば、開催しないことも可能です。

Q2

議事録の作成

　株主総会を開催していませんが、議事録は毎年作成していますので問題ないでしょうか？

回答

　議事録とは、実際に開催された株主総会の記録のことをいいます。株主総会を実際に開催していないにもかかわらず議事録のみが存在している場合、税務調査で実態に合っていない（議事録がニセモノと判断されて）、仮装・隠ぺい行為として重加算税の対象になる恐れがあります。

Q 3

議事録の雛形で作成

インターネットで議事録の雛形を見つけました。その議事録をベースに作成しましたが何か問題ありますか？

回答

実際に開催していなければ、議事録は虚偽のものとみられてしまいます。例えば、インターネットから取得できる議事録の雛形の中には、開催時間などがあらかじめ記載されているものも散見されます。実際に開催した内容で作成する必要があります。

Q 4

株主が親族しかいない場合

株主は親族しかいません。それでも株主総会を実際に開催しなければいけないのでしょうか？

回答

株主が親族かどうかは、株主総会とは関係がありませんので、実際の開催が必要です。

Q 5

株主総会を開催しない方法

株主総会を実際に開催しない方法はありますか？

回答

あります。株主または取締役が、役員退職金の支給を提案し、そ
れに対し、株主全員が書面で同意することで、実際には株主総会を
開催しなくても、決議があったものとみなすことができます。

Q 6

決議があったものとみなす方法

決議があったものとみなす方法の注意点は何でしょうか？

回答

① 必ず、役員退職金の支給について株主全員の同意を取らなけれ
ばなりません。

② 株主全員の同意があった（決議がなされた）ということを議事
録で残さなければなりません。

③ ①も②も、必ず書面で残さなければなりません。記載事項も法
律で定められています。法律で決められた事項が書いていない場
合は、法律上の要件を満たしていない不適格な書面として税務署
から指摘を受ける可能性がありますので注意が必要です。一般的
にインターネットや市販本に記載されている議事録は、実際に株

主総会が開催された時の議事録を想定していることが多いです。
今回のような「みなし決議」のための議事録ではありませんから、
特に注意が必要です。

通常の雛形とみなし決議の雛形の違い

　通常の雛形と、決議があったものとみなした場合の議事録の違いを教えてください。

回答

　次のページに、2つの議事録を記載します。2つは明らかに異なっています。こちらも参考例です。会社によって内容は異なりますので、必ず専門家に確認してください。

臨時株主総会議事録

令和○年○月○日○曜日午前10時00分より本店において、臨時株主総会を開催した。

株主の総数	○名
発行済株式の総数	○万株
議決権を行使することができる株主の数	○名
議決権を行使することができる株主の議決権の数	○万個
出席した株主の数	○名
出席した株主の議決権の数	○万個

出席者
　　代表取締役　甲野一郎（議長兼議事録作成者）　　　　取締役　　　　乙野二郎

　上記のとおり出席があったので、本株主総会は適法に成立した。
　定刻、代表取締役甲野一郎は定款の規定により議長となり、開会を宣し直ちに議事に入った。

　議　案　　退任取締役に対し退職慰労金贈呈の件

　本総会終結の時をもって退任する取締役甲野一郎氏に対し、在任中の労に報いるため、当社退職金慰労規程に基づき、当該基準の範囲内で退職慰労金を贈呈する旨を述べ、賛否を諮ったところ、満場一致により承認可決された。

　　　　　　　　退任取締役の退職慰労金
　　　　　　　　甲野一郎　　　　金○○○万円
　　　　　　　　支給時期　　　　令和○年○月○日
　　　　　　　　支給方法　　　　本人の指定口座に一括振込支給

令和○年○月○日
　　　　　　　　株式会社△△△△　臨時株主総会

　　　　　　　　議事録作成者
　　　　　　　　代表取締役　甲野一郎

臨時株主総会議事録

会社法第319条第１項の規定に従い、株主総会の目的である事項につき取締役が提案を行い、同提案につき当会社株主の同意を得たので、会社法施行規則第72条第４項第１号に従い、本議事録を作成する。

1. 株主総会の決議があったものとみなされた事項
　　議　案　　退任取締役に対し退職慰労金贈呈の件
　　退任する取締役甲野一郎氏に対し、在任中の労に報いるため、当社退職金慰労規程に基づき、以下のとおり退職金を支給する。

　　　　　　　退任取締役の退職慰労金
　　　　　　　甲野一郎　　　　金○○○万円
　　　　　　　支給時期　　　　令和○年○月○日
　　　　　　　支給方法　　　　本人の指定口座に一括振込支給

2. 株主総会の決議があったものとみなされた事項の提案をした者の氏名
代表取締役　甲野一郎

3. 株主総会の決議があったものとみなされた日
令和○年○月○日

令和○年○月○日
　　　　　　　株式会社△△△△△　臨時株主総会

　　　　　　　議事録作成者
　　　　　　　代表取締役　甲野一郎

5

議事録作成マニュアル

会社に保管すべき書類

　決議があったものとみなす方法で行った場合、会社に保管すべき書類は何ですか？

回答

　①株主全員の同意書、②株主総会議事録を10年間、会社の本店に保管しなければなりません。これは法律で決まっています。必ず保管しておいてください。

3 親族以外の株主がいる場合

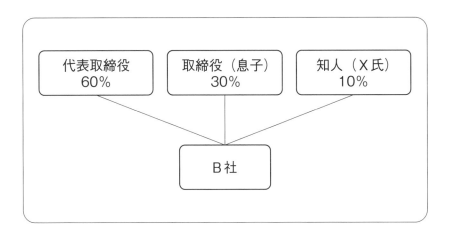

株主総会を行う旨の通知

　当社には、私と息子の他に知人（以下「X氏」）が株主になっているのですが、役員退職金を支給する際、X氏にも知らせなければいけないのでしょうか？

回答

　株主総会に出席し、議決権を行使したり意見を言うことは、株主に認められている権利です。

　株主総会を開催するにあたり、株主であるX氏を無視して手続きをすることはできません。

　株主であるX氏にも株主総会を行う旨を必ず通知しなければなりません。

株主総会の開催通知を怠った場合

　X氏は友好的で、反対することはありません。今までと同様に株主総会の連絡をしないで決議を行っても問題ありませんか？

回答

　法律の手続きに沿って、株主全員に通知しておきましょう。

　株主総会は、法律上決まった手続きを踏んで開催しなければならず、それを怠ると最悪の場合、決議自体が無かったことになってし

まいます。

そして、株主総会を開催する場合、必ず株主に連絡することも、法律で定められています。

法律上の手続きをきちんと踏んでいない株主総会で決めた事項は、後に税務調査の際に指摘を受け、株主総会が無かったのではないか、との疑いをかけられてしまいます。

これは、議事録が存在していたとしても同じことです。

たとえX氏が友好的であったとしても、税務調査の際、調査官が、X氏に役員退職金支給決議の株主総会について質問した場合に、「総会があったことなど知りません」という回答をしてしまうと、決議の存在そのものが疑われてしまい、退職金が否決される可能性が高まります。X氏も大変な事態に巻き込まれてしまいます。

Q11
株主総会の開催の省略

株主総会の開催を省略することも可能ですか？

回答

X氏を含め株主全員の同意があれば開催を省略することも可能です。

詳しくは、Q5〜Q7をご覧ください。

Q12

X氏を決議から除外する方法

　X氏を、役員退職金支給と無関係にしたい場合、どのような方法がありますか？

回答

　X氏から株式を買い取り、株主でなくなれば、役員退職金支給の株主総会の通知を行う必要はなくなります。

Q13

株式を買い取る場合の注意点

　X氏から株式を買い取ろうと思いますが、注意点はありますか？

回答

　株式を他の株主が買い取る場合（株式譲渡といいます）は、

① 　株式の譲渡価格

② 　譲渡の承認手続き

の2つについて、注意しなければなりません。

Q14

株式の譲渡価格の決め方

株式の譲渡価格はどのように決めたら良いのでしょうか？

回答

株式の譲渡価格は、会社の純資産その他を検討して算出します。

税務的に課税の問題が生じる可能性がありますので、税理士に相談して決めておきましょう。

Q15

株式譲渡の承認手続き

株式譲渡の承認手続きとはどんな手続きですか？

回答

非上場会社の株式を譲渡するときには、会社法が定める手続きを行う必要があります。

具体的には、

① 会社に対して株式譲渡の承認を請求する

② 会社の譲渡承認機関の承認

という流れで行わなければなりません。ただし、株式の譲渡制限の定めがない会社は、①②の手続きは不要となります。

譲渡承認機関のパターン

譲渡承認機関とは何でしょうか？

回答

　非上場会社の株式の多くは、定款に、「当会社の株式を譲渡するには、取締役会の承認を受けなければならない。」と規定されています。

　承認機関は、会社によって、下記のパターンがあります。

① 　取締役会の承認

② 　株主総会の承認

③ 　代表取締役の承認

④ 　当会社の承認

　これは、株式を他人に売るときは、必ず会社が決めた機関の承認を得る必要があるということです。

　売る相手が株主や家族、仲の良い友人間であっても必要です。

株式を買い取るのが難しい場合

　X氏から株式を買い取ることが難しい場合は、どのような手続きをすれば良いのでしょうか？

実際に株主総会を開催する必要があります。

この場合は、株主全員に株主総会を開催する旨の通知を送り、出欠を仰がなければなりません。

Q19

役員退職金の額の決定

X氏には、役員退職金の額まで知らせないといけないのでしょうか？

必ずしも知らせる必要はありません。

一般的には、「株主総会で支給すること」だけを決議します。

その後、規定に基づき、具体的金額の決定を取締役会（または取締役）に委任することが多いです。

Q19

役員退職金の支給の反対

X氏が、役員退職金の支給について反対することはできるのでしょうか？

反対をすることはできますが、X氏の持っている株式が株式全体

の10%ですので、否決されることはありません。役員退職金の支給
は可能です。

〔著者紹介〕

島﨑　敦史 （税理士）
（しまざき　あつし）

1963年東京都生まれ。都内会計事務所を経て独立。税理士法人東京会計パートナーズを設立、代表社員就任。
徹底した現場主義をモットーに35年以上にわたりオーナー社長の課題解決のためのコンサルティングを行っている。

芦辺　敏文 （税理士）
（あしべ　としふみ）

1971年千葉県生まれ。外資系生命保険会社・会計事務所を経てヒューマンネットワークグループに入社後、税理士法人東京会計パートナーズを設立、社員税理士。
プライベートカンパニーや生命保険を活用したオーナー社長の相続・事業承継のコンサルティングを行っている。

齋藤　伸市
（さいとう　しんいち）

1960年東京都生まれ。大手損害保険会社を経て1999年に生命保険を活用してオーナー社長の課題解決を支援するヒューマンネットワーク株式会社を設立、代表取締役就任。
2,000社を超えるオーナー社長を顧客とし、総合的な資産防衛のアドバイスを行っている。

小林　進 （税理士）
（こばやし　すすむ）

1967年山梨県生まれ。国内上場企業、外資系法人、資産税専門税理士法人を経て独立。
海外税務にも精通し、相続、組織再編、土地活用、M&A、事業承継対策等へ特化した専門家。

知っているようで知らない

オーナー社長の退職金（新決定版）

令和6年7月11日　初版印刷
令和6年7月23日　初版発行

著　者　　島　﨑　敦　史
　　　　　芦　辺　敏　文
不　許　　齋　藤　伸　市
複　製　　小　林　　進

（一財）大蔵財務協会　理事長
発行者　木　村　幸　俊

発行所　一般財団法人　大 蔵 財 務 協 会
〔郵便番号 130-8585〕
東京都墨田区東駒形1丁目14番1号
（販　売　部）TEL03（3829）4141・FAX03（3829）4001
（出版編集部）TEL03（3829）4142・FAX03（3829）4005
https://www.zaikyo.or.jp